AF200077

Impressum
Verlag: BABADADA GmbH, Nedderfeld 112 , 22529 Hamburg
Geschäftsführer / Verlagsleitung: Harald Hof
Druck: Books on Demand GmbH, In de Tarpen 42, 22848 Norderstedt

Imprint
Publisher: BABADADA GmbH, Nedderfeld 112 , 22529 Hamburg, Germany
Managing Director / Publishing direction: Harald Hof
Print: Books on Demand GmbH, In de Tarpen 42, 22848 Norderstedt, Germany

Schule
shkolla

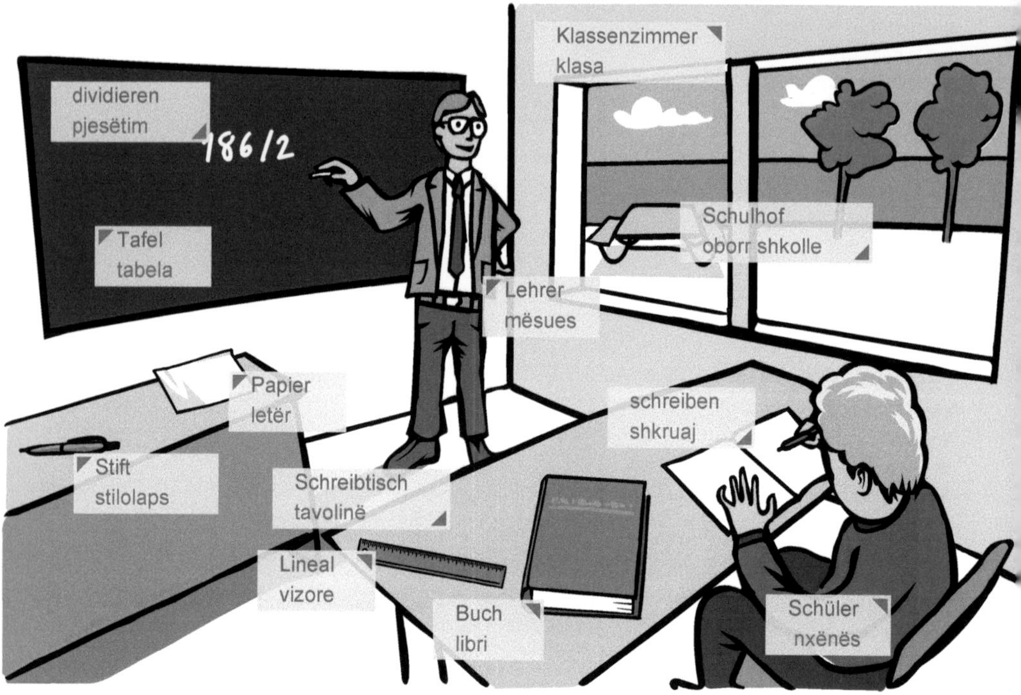

Klassenzimmer
klasa
dividieren
pjesëtim
186/2
Tafel
tabela
Schulhof
oborr shkolle
Lehrer
mësues
Papier
letër
schreiben
shkruaj
Stift
stilolaps
Schreibtisch
tavolinë
Lineal
vizore
Buch
libri
Schüler
nxënës

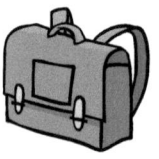

Ranzen

çantë

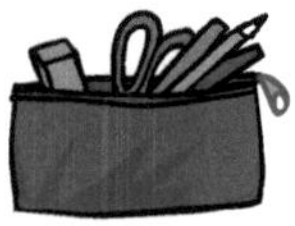

Federmappe

mbajtëse lapsash

Bleistift

laps

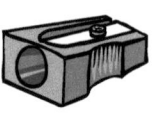

Bleistiftanspitzer

mprehës lapsash

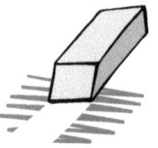

Radiergummi

gomë

Zeichenblock

fletore vizatimi

Zeichnung
....
vizatim

Pinsel
....
penel

Malkasten
....
kuti bojërash

Schere
....
gërshërë

Klebstoff
....
ngjitës

Übungsheft
....
fletore detyrash

Hausaufgabe
....
detyrë shtëpie

12

Zahl
....
numër

2+2

addieren
....
mbledh

5-2

subtrahieren
....
zbres

2×2

multiplizieren
....
shumëzoj

rechnen
....
llogaris

A

Buchstabe
....
gërmë

ABCDEFG
HIJKLMN
OPQRSTU
VWXYZ

Alphabet
....
alfabeti

hello

Wort
....
fjalë

Text

tekst

lesen

lexoj

Kreide

shkumës

Stunde

mësim

Klassenbuch

regjistër

Prüfung

provim

Zeugnis

çertifikatë

Schuluniform

uniformë shkolle

Ausbildung

arsimim

Lexikon

enciklopedia

Universität

universitet

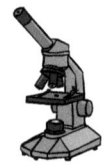

Mikroskop

mikroskop

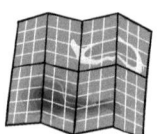

Karte

hartë

Papierkorb

kosh letrash

Reise
udhëtim

Hotel
hotel
Grand
Herberge
bujtinë
ROOMS
Wechselstube
pikë këmbimi valutor
Koffer
valixhe
Auto
makinë

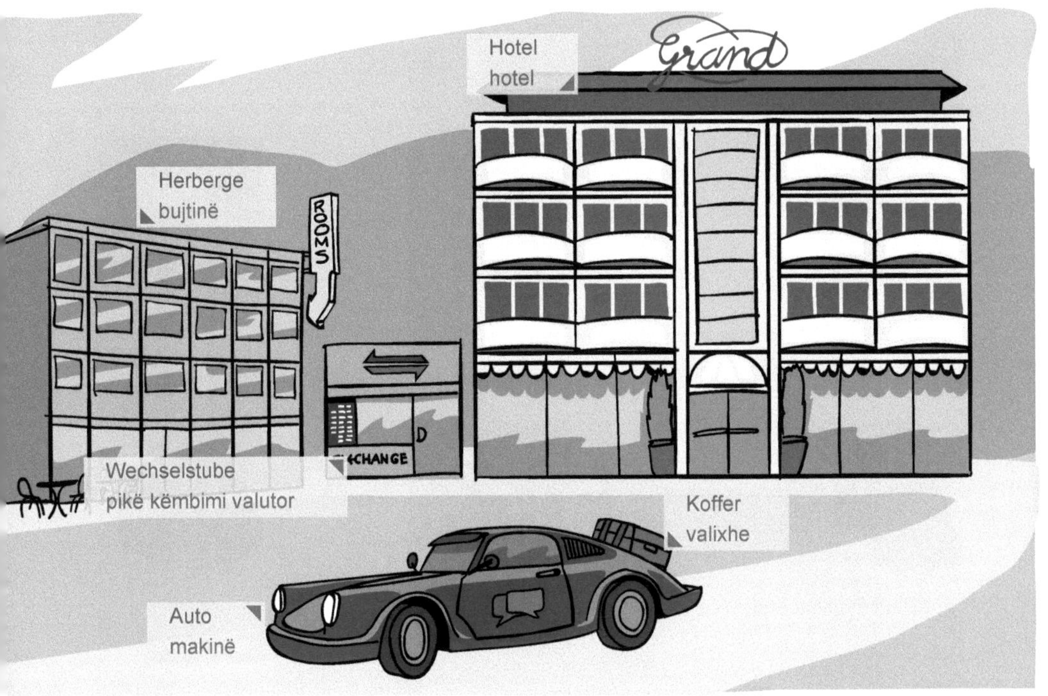

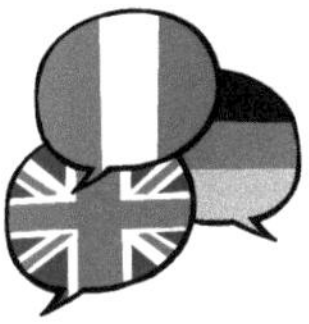

Sprache

gjuhë

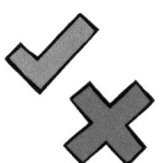

ja / nein

po / jo

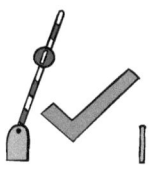

Okay

Në rregull

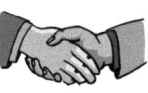

Hallo

ç'kemi

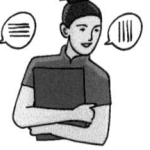

Übersetzer

përkthyes

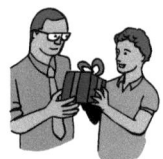

Danke

Faleminderit

Was kostet...?

sa kushton...?

Ich verstehe nicht

nuk e kuptoj

Problem

problem

Guten Abend!

Mirëmbrëma!

Guten Morgen!

Mirëmëngjes!

Gute Nacht!

Natën e mirë!

Auf Wiedersehen

mirupafshim

Richtung

drejtim

Gepäck

bagazhet

Tasche

çantë

Rucksack

çantë shpine

Gast

mysafir

Zimmer

dhomë

Schlafsack

thes gjumi

Zelt

tendë

Touristeninformation

informacion për turistët

Strand

plazh

Kreditkarte

kartë krediti

Frühstück

mëngjes

Mittagessen

drekë

Abendessen

darkë

Fahrkarte

Biletë

Fahrstuhl

ashensor

Briefmarke

pulla

Grenze

kufi

Zoll

doganë

Botschaft

ambasadë

Visum

vizë

Pass

pasaportë

Transport
transport

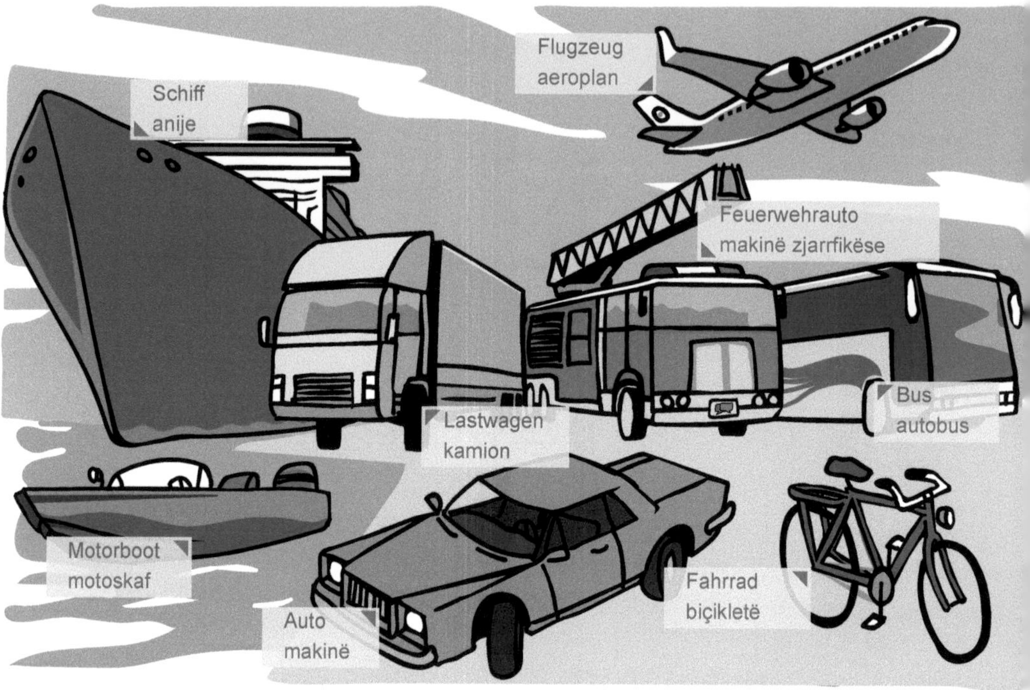
Flugzeug
aeroplan
Schiff
anije
Feuerwehrauto
makinë zjarrfikëse
Lastwagen
kamion
Bus
autobus
Motorboot
motoskaf
Fahrrad
biçikletë
Auto
makinë

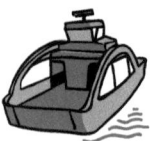

Fähre

traget

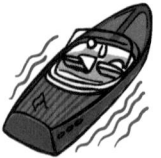

Boot

varkë

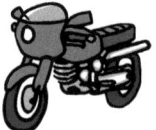

Motorrad

motoçikletë

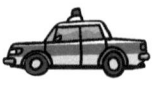

Polizeiauto

makinë policie

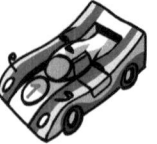

Rennauto

makinë garash

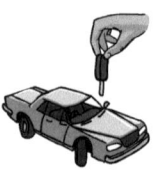

Mietwagen

makinë me qira

Carsharing

ndarje e qirasë së makinës

Abschleppwagen

karroatrec

Müllauto

makinë plehrash

Motor

motor

Kraftstoff

benzinë

Tankstelle

pikë karburanti

Verkehrsschild

sinjalistikë trafiku

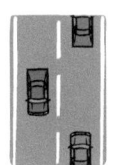

Verkehr

trafik

Stau

bllokim trafiku

Parkplatz

parkim makinash

Bahnhof

stacion treni

Schienen

trase

Zug

tren

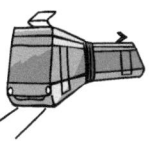

Straßenbahn

tramvaj

Wagon

karro

Helikopter

helikopter

Flughafen

aeroport

Tower

kullë

Passagier

pasagjer

Container

kontenier

Karton

kuti kartoni

Karren

qerre

Korb

shportë

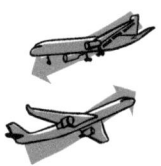

starten / landen

ngrihem / ulem

Stadt

qytet

Dorf

fshat

Stadtzentrum

qendra e qytetit

Haus

shtëpi

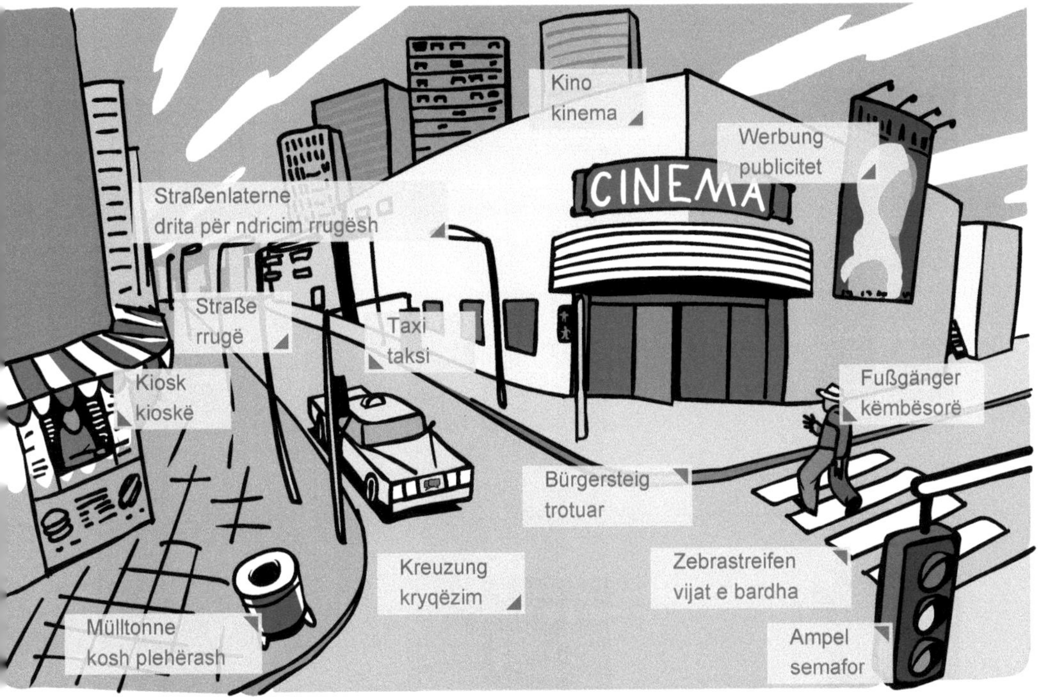

Kino
kinema

Werbung
publicitet

Straßenlaterne
drita për ndricim rrugësh

CINEMA

Straße
rrugë

Taxi
taksi

Fußgänger
këmbësorë

Kiosk
kioskë

Bürgersteig
trotuar

Kreuzung
kryqëzim

Zebrastreifen
vijat e bardha

Mülltonne
kosh plehërash

Ampel
semafor

Hütte
....
kasolle

Wohnung
....
apartament

Bahnhof
....
stacion treni

Rathaus
....
bashki

Museum
....
muze

Schule
....
shkolla

Universität

universitet

Bank

bankë

Krankenhaus

spital

Hotel

hotel

Apotheke

farmaci

Büro

zyrë

Buchhandlung

librari

Geschäft

dyqan

Blumenladen

dyqan lulesh

Supermarkt

supermarket

Markt

market

Kaufhaus

mapo

Fischhändler

dyqan peshku

Einkaufszentrum

qëndër tregtare

Hafen

port

Park

park

Bank

stol

Brücke

urë

Treppe

shkallë

U-Bahn

metro

Tunnel

tunel

Bushaltestelle

stacion autobuzi

Bar

bar

Restaurant

restorant

Briefkasten

kuti postare

Straßenschild

sinjalistikë rrugore

Parkuhr

kohëmatës parkimi

Zoo

kopsht zoologjik

Badeanstalt

pishinë

Moschee

xhami

Bauernhof

fermë

Umweltverschmutzung

ndotje

Friedhof

varrezë

Kirche

kishë

Spielplatz

shesh lojërash

Tempel

tempull

Landschaft
peisazh

Blatt
gjethe

Wegweiser
tabela orientuese

Weg
rrugë

Wiese
livadh

Stein
gurë

Wanderer
ekskursionist

Baum
pemë

Fluss
lumë

Gras
bar

Blume
lule

Tal
....
luginë

Berg
....
kodër

See
....
liqen

Wald
....
pyll

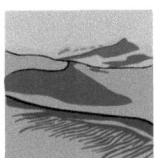

Wüste
....
shkretëtirë

Vulkan
....
vullkan

Schloss
....
kështjellë

Regenbogen
....
ylber

Pilz
....
kepudhë

Palme
....
palmë

Moskito
....
mushkonjë

Fliege
....
mizë

Ameise
....
milingonë

Biene
....
bletë

Spinne
....
merimangë

Käfer

brumbull

Frosch

bretkosë

Eichhörnchen

ketër

Igel

iriq

Hase

lepur

Eule

buf

Vogel

zog

Schwan

mjellmë

Wildschwein

derr i egër

Hirsch

dre

Elch

dre brilopatë

Staudamm

digë

Windrad

turbinë ere

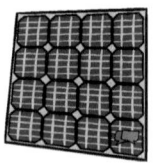

Solarmodul

panel diellor

Klima

klimë

Kellner
kamarier

Speisekarte
menu

Stuhl
karrige

Suppe
supë

Pizza
pica

Besteck
set ngrënieje

Tischdecke
mbulesë tavoline

Vorspeise
pjatë e parë

Hauptgericht
pjatë kryesore

Nachspeise
ëmbëlsirë

Getränke
pije

Essen
ushqim

Flasche
shishe

Fastfood

ushqim i shpejtë

Streetfood

ushqim i shërbyer në rrugë

Teekanne

ibrik çaji

Zuckerdose

kuti sheqeri

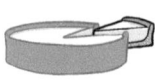

Portion

racion

Espressomaschine

makinë kafeje ekspres

Hochstuhl

karrige e lartë

Rechnung

faturë

Tablett

tabaka

Messer

thika

Gabel

pirun

Löffel

lugë

Teelöffel

lugë çaji

Serviette

pecetë

Glas

gotë

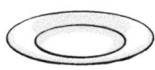		
Teller	Suppenteller	Untertasse
pjatë	pjatë supe	pjatë filxhani
	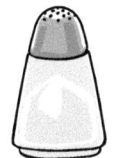	
Sauce	Salzstreuer	Pfeffermühle
salcë	mbajtëse kripe	mulli piperi

Essig	Öl	Gewürze
uthull	vaj	erëza

Ketchup	Senf	Mayonnaise
keçap	mustardë	majonezë

Supermarkt
supermarket

Angebot
ofertë speciale
FOR
Kunde
klient
Milchprodukte
produkte bulmeti
Obst
frut
Einkaufswagen
karrocë pazari

BUTCHERS

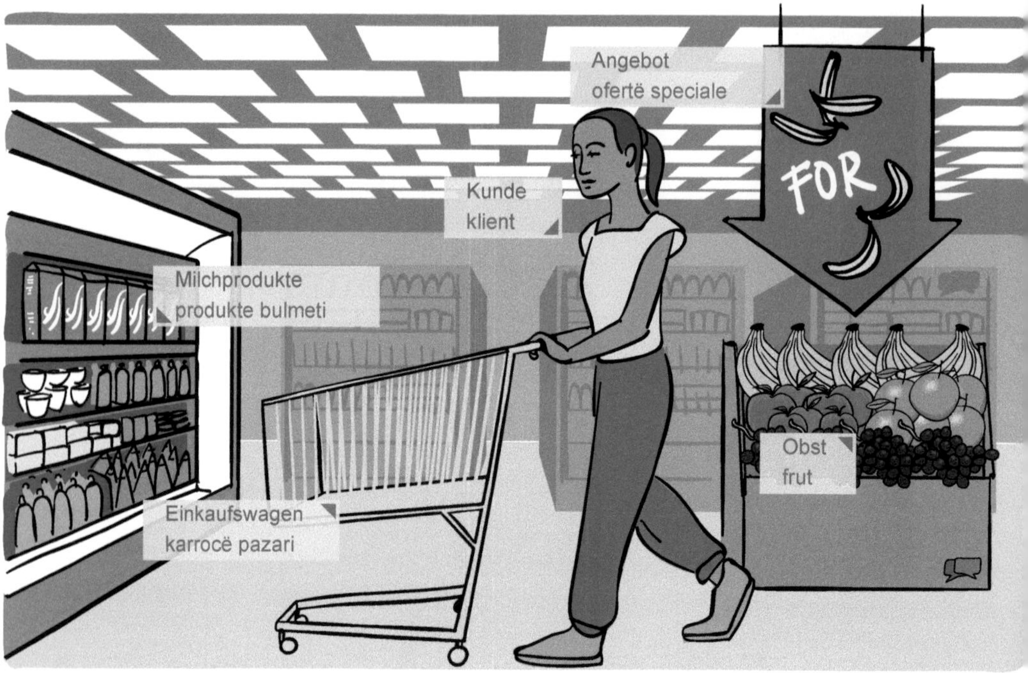

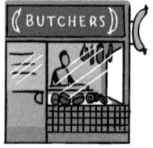

Schlachterei

dyqan mishi

BAKERY

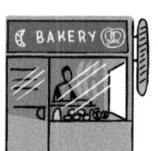

Bäckerei

furrë buke

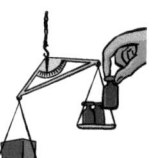

wiegen

peshoj

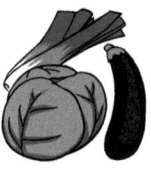

Gemüse

perime

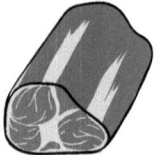

Fleisch

mish

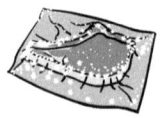

Tiefkühlkost

ushqim i ngrirë

Aufschnitt
copë

Konserven
ushqim i konservuar

Waschmittel
pluhur larës

Süßigkeiten
ëmbëlsirat

Haushaltsartikel
prodhime shtëpie

Reinigungsmittel
produkte pastrimi

Verkäuferin
shitëse

Kasse
kasë fiskale

Kassierer
arkëtar

Einkaufsliste
listë blerjeje

Öffnungszeiten
oraret e punës

Brieftasche
portofol

Kreditkarte
kartë krediti

Tasche
çantë

Plastiktüte
qese plastike

Wasser

ujë

Saft

lëng frutash

Milch

qumësht

Cola

koka-kola

Wein

verë

Bier

birrë

Alkohol

alkool

Kakao

kakao

Tee

çaj

Kaffee

kafe

Espresso

kafe ekspres

Cappuccino

kapuçino

Banane

banane

Apfel

mollë

Orange

portokalle

Melone

pjepër

Zitrone

limon

Karotte

karrotë

Knoblauch

hudhër

Bambus

bambu

Zwiebel

qepë

Pilz

kërpudha

Nüsse

arra

Nudeln

makarona

Spaghetti

spageti

Reis

oriz

Salat

sallatë

Pommes frites

patate të skuqura

Bratkartoffeln

patate të skuqura

Pizza

pica

Hamburger

hamburger

Sandwich

sanduiç

Schnitzel

shnicel

Schinken

proshutë

Salami

sallam

Wurst

salçiçe

Huhn

pulë

Braten

skuq

Fisch

peshk

Haferflocken

tërshërë

Müsli

drithëra

Cornflakes

kornfleiks

Mehl

miell

Croissant

kruasant

Brötchen

panine

Brot

bukë

Toast

tost

Kekse

biskotë

Butter

gjalp

Quark

gjizë

Kuchen

tortë

Ei

vezë

Spiegelei

vezë sy

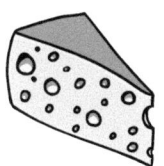

Käse

djathë

Eiscreme

akullore

Zucker

sheqer

Honig

mjaltë

Marmelade

marmaladë

Nougat-Creme

çokokrem

Curry

këri

Bauernhof
fermë

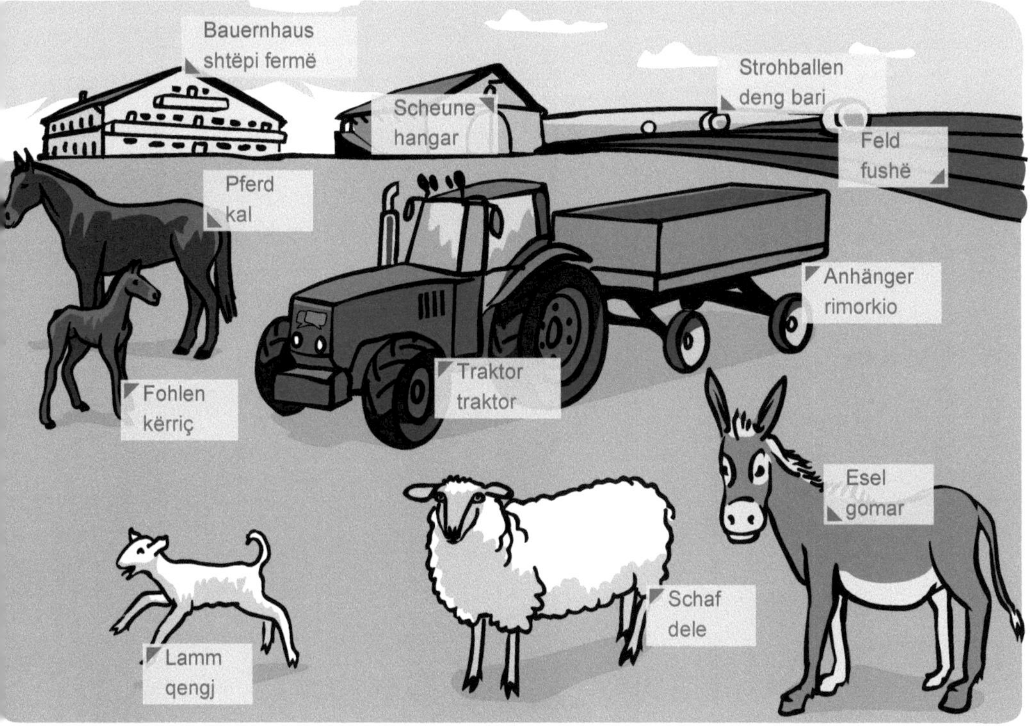
Bauernhaus
shtëpi fermë
Strohballen
deng bari
Scheune
hangar
Feld
fushë
Pferd
kal
Anhänger
rimorkio
Traktor
traktor
Fohlen
kërriç
Esel
gomar
Schaf
dele
Lamm
qengj

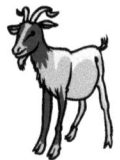

Ziege
dhi

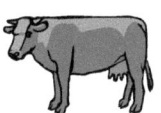

Kuh
lopë

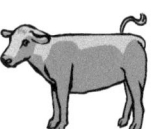

Kalb
viç

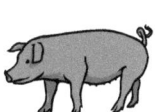

Schwein
derr

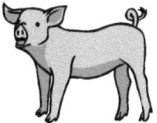

Ferkel
derrkuc

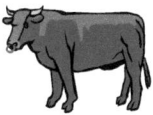

Bulle
dem

Gans

patë

Ente

rosë

Küken

zog pule

Huhn

pulë

Hahn

gjel

Ratte

mi

Katze

mace

Maus

mi

Ochse

buall

Hund

qen

Hundehütte

kolibe qeni

Gartenschlauch

zorrë vaditëse

Gießkanne

vaditëse

Sense

kosë

Pflug

plug

Sichel

drapër

Hacke

shat

Mistgabel

kosa

Axt

sëpatë

Schubkarre

karrocë

Trog

govatë

Milchkanne

bidon qumështi

Sack

thes

Zaun

gardh

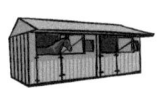

Stall

ahur

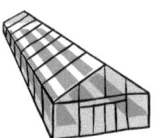

Treibhaus

serë

Boden

dhe

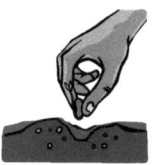

Saat

farë

Dünger

pleh

Mähdrescher

autokombanjë

ernten

korr

Ernte

te korrat

Yamswurzel

patate e ëmbël "Yam"

Weizen

grurë

Soja

soja

Kartoffel

patate

Mais

misër

Raps

raps

Obstbaum

pemë frutore

Maniok

zhardhok manioku

Getreide

drithëra

Haus
shtëpi

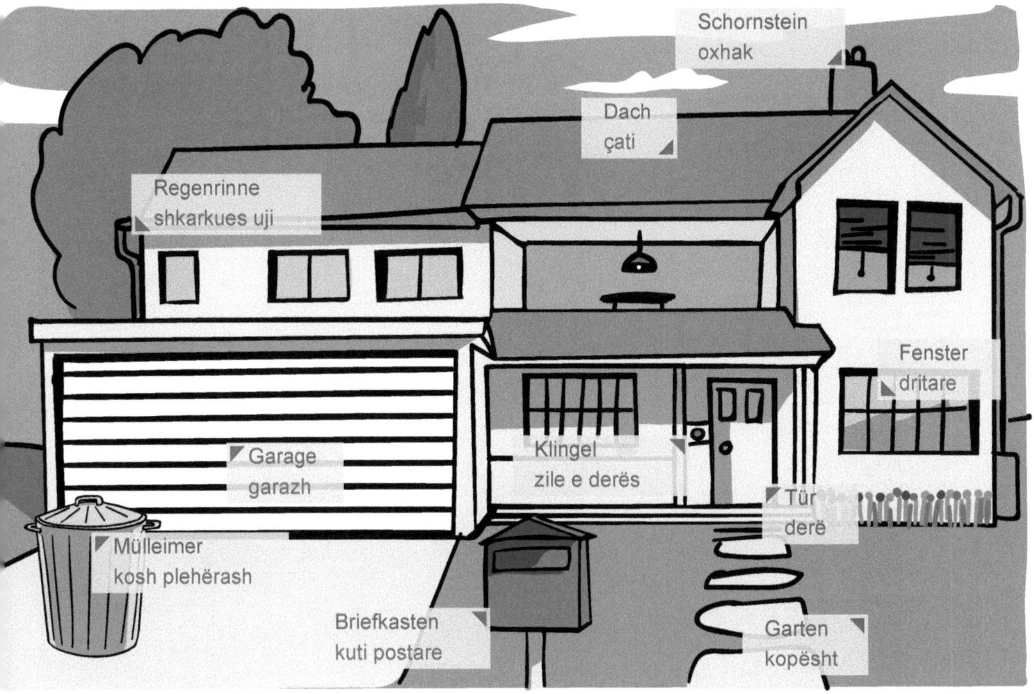
Schornstein
oxhak
Dach
çati
Regenrinne
shkarkues uji
Fenster
dritare
Garage
garazh
Klingel
zile e derës
Tür
derë
Mülleimer
kosh plehërash
Briefkasten
kuti postare
Garten
kopësht

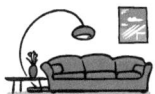

Wohnzimmer
dhomë ndenjeje

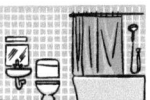

Badezimmer
tualet

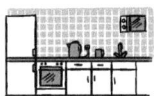

Küche
kuzhinë

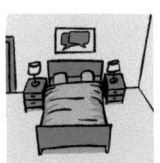

Schlafzimmer
dhomë gjumi

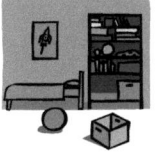

Kinderzimmer
dhomë fëmijësh

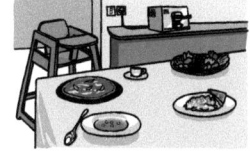

Esszimmer
dhomë ngrënieje

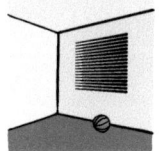

Boden

dysheme

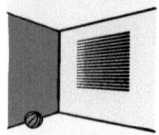

Wand

mur

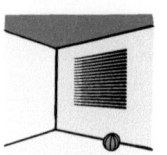

Decke

tavan

Keller

bodrum

Sauna

sauna

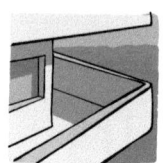

Balkon

ballkon

Terrasse

tarracë

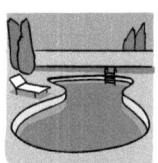

Schwimmbad

pishinë

Rasenmäher

kositëse bari

Bettbezug

çarçaf

Bettdecke

kuvertë

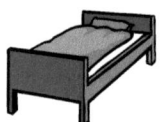

Bett

krevat

Besen

fshesë dore

Eimer

kovë

Schalter

çelës

Wohnzimmer
dhomë ndenjeje

Tapete
tapiceri
Bild
fotografi
Lampe
llambë
Regal
raft
Schrank
dollap
Fernseher
pajisje televizive
Kamin
vatër
Blume
lule
Kissen
jastëk
Sofa
divan
Vase
vazo
Fernbedienung
telekomandë

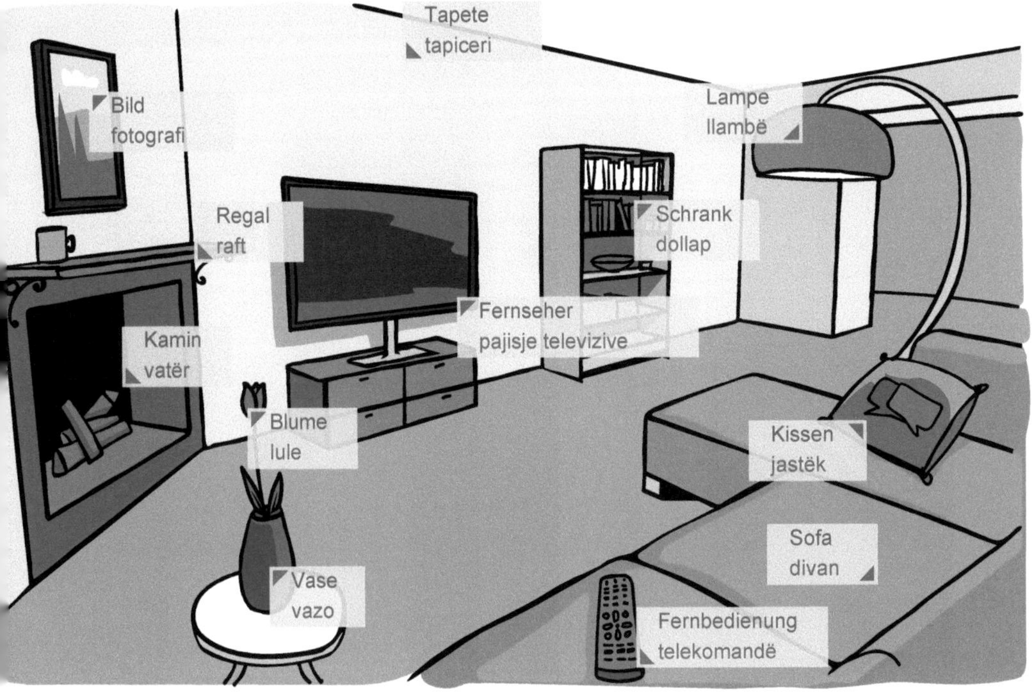

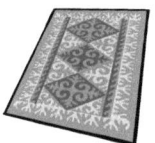

Teppich

qilim

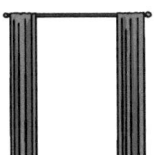

Vorhang

perde

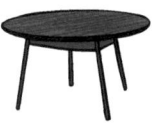

Tisch

tavolinë

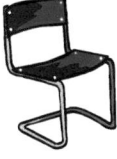

Stuhl

karrige

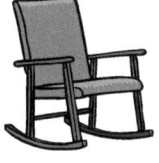

Schaukelstuhl

karrige lëkundëse

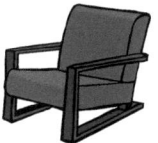

Sessel

kolltuk

Buch

libri

Decke

batanije

Dekoration

zbukurime

Feuerholz

dru zjarri

Film

film

Stereoanlage

stereo

Schlüssel

çelës

Zeitung

gazetë

Gemälde

pikturë

Poster

afishe

Radio

radio

Notizblock

bllok shënimesh

Staubsauger

fshesë me korent

Kaktus

kaktus

Kerze

qiri

Küche
kuzhinë

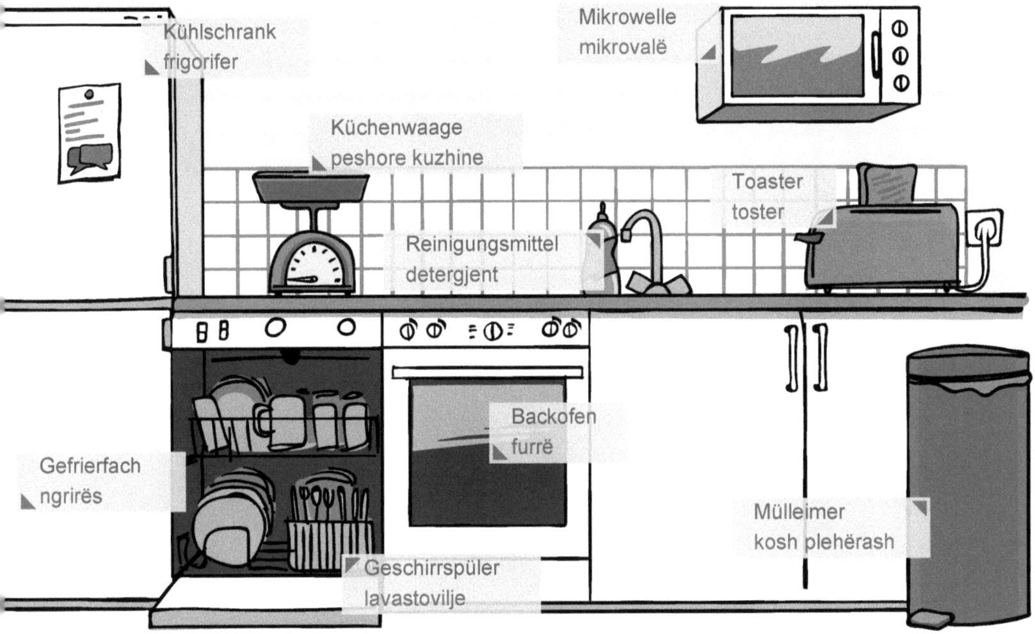
Kühlschrank
frigorifer
Mikrowelle
mikrovalë
Küchenwaage
peshore kuzhine
Toaster
toster
Reinigungsmittel
detergjent
Backofen
furrë
Gefrierfach
ngrirës
Mülleimer
kosh plehërash
Geschirrspüler
lavastovilje

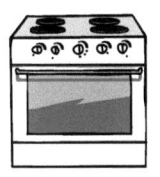

Herd
sobë

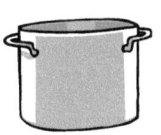

Topf
tenxhere

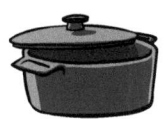

Eisentopf
tenxhere me kapak

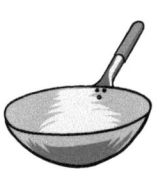

Wok / Kadai
tigan special (Wok)

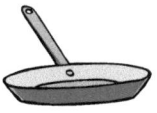

Pfanne
tigan

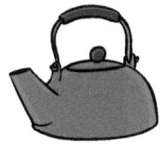

Wasserkocher
çajnik

Dampfgarer

tenxhere me avull

Backblech

tavë pjekjeje

Geschirr

enë

Becher

filxhan

Schale

tas

Essstäbchen

shkopinj

Suppenkelle

garuzhde

Pfannenwender

spatul

Schneebesen

tel kuzhine

Kochsieb

kulluese

Sieb

sitë

Reibe

rende

Mörser

havan

Grill

skarë

Feuerstelle

zjarr

Schneidebrett

dërrasë për prerje

Nudelholz

okllai

Korkenzieher

heqëse tapash

Dose

kanaçe

Dosenöffner

hapëse kanaçeje

Topflappen

rrobë për të kapur
tenxheren

Waschbecken

lavaman

Bürste

furçë

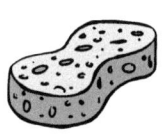

Schwamm

sfungjer

Mixer

përzjerës

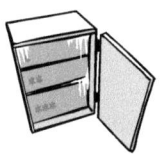

Gefriertruhe

ngrirës

Babyflasche

biberon për lëngje

Wasserhahn

rubinet

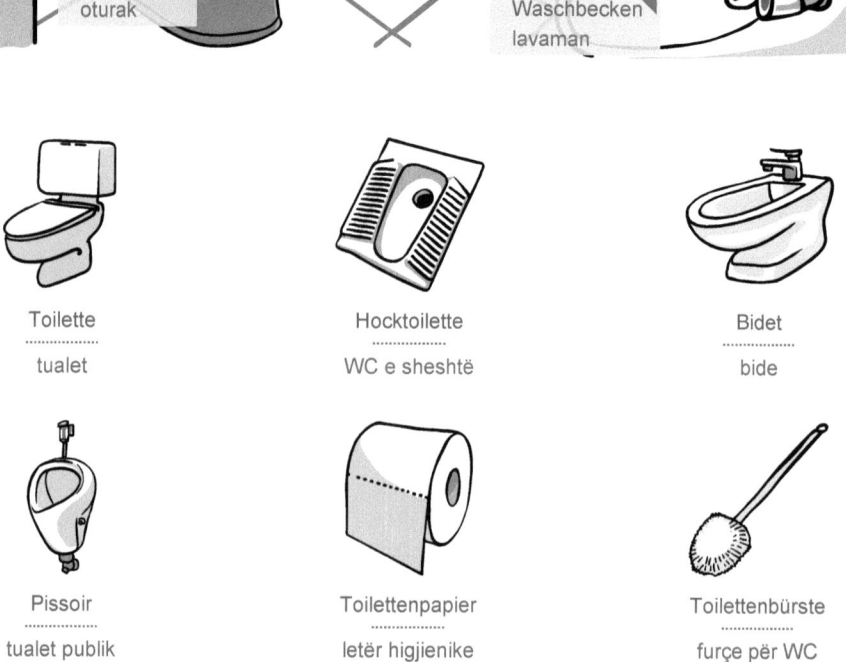

Badezimmer
tualet

Heizung
ngrohje
Handtuch
peshqirë
Dusche
dush
Duschvorhang
perde dushi
Schaumbad
vaskë me shkumë
Badewanne
vaskë
Waschmaschine
lavatriçe
Fliesen
pllaka
Glas
gotë
Wasserhahn
rubinet
Töpfchen
oturak
Waschbecken
lavaman

Toilette

tualet

Hocktoilette

WC e sheshtë

Bidet

bide

Pissoir

tualet publik

Toilettenpapier

letër higjienike

Toilettenbürste

furçe për WC

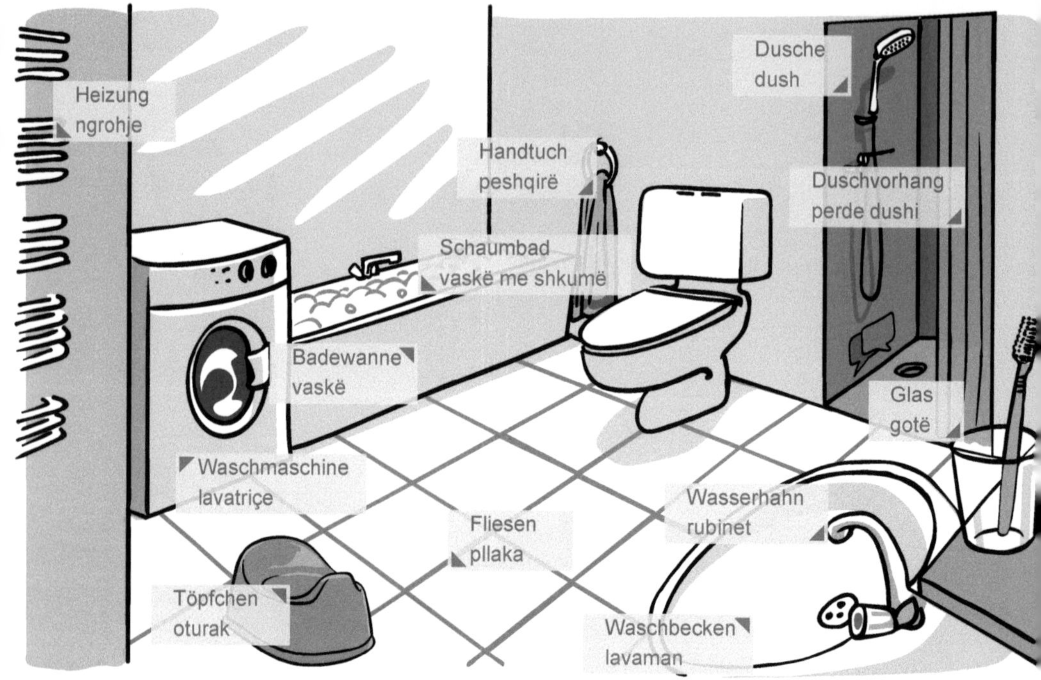

Zahnbürste

furçë dhëmbësh

Zahnpasta

pastë dhëmbësh

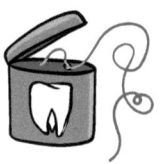

Zahnseide

fije dentare

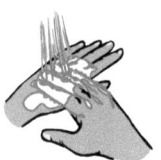

waschen

laj

Handbrause

dorezë dushi

Intimdusche

larës për zonën intime

Waschschüssel

legen

Rückenbürste

furçë për masazh shpine

Seife

sapun

Duschgel

shampo trupi

Shampoo

shampo

Waschlappen

leckë pastruese

Abfluss

kullues

Creme

krem

Deodorant

antidjersë

Spiegel

pasqyrë

Kosmetikspiegel

pasqyrë dore

Rasierer

brisk rroje

Rasierschaum

shkumë rroje

Rasierwasser

locion pas rrojes

Kamm

krehër

Bürste

furçë

Föhn

tharëse flokësh

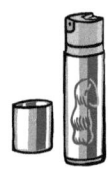

Haarspray

llak për flokët

Makeup

grim

Lippenstift

buzëkuq

Nagellack

manikyr

Watte

mbushje pambuku

Nagelschere

gërshërë për thonj

Parfum

parfum

Kulturbeutel

çantë për sendet personale

Hocker

Stol

Waage

peshore

Bademantel

robëdëshambër

Gummihandschuhe

dorashka gome

Tampon

tampon

Damenbinde

peceta higjienike

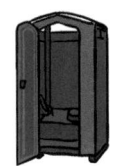

Chemietoilette

tualet I lëvizshëm

Kinderzimmer
dhomë fëmijësh

Wecker
orë me zile
Kuscheltier
lodra me pellushë
Spielzeugauto
makinë lodër
Rassel
rraketake
Puppenhaus
shtëpi kukullash
Geschenk
dhuratë

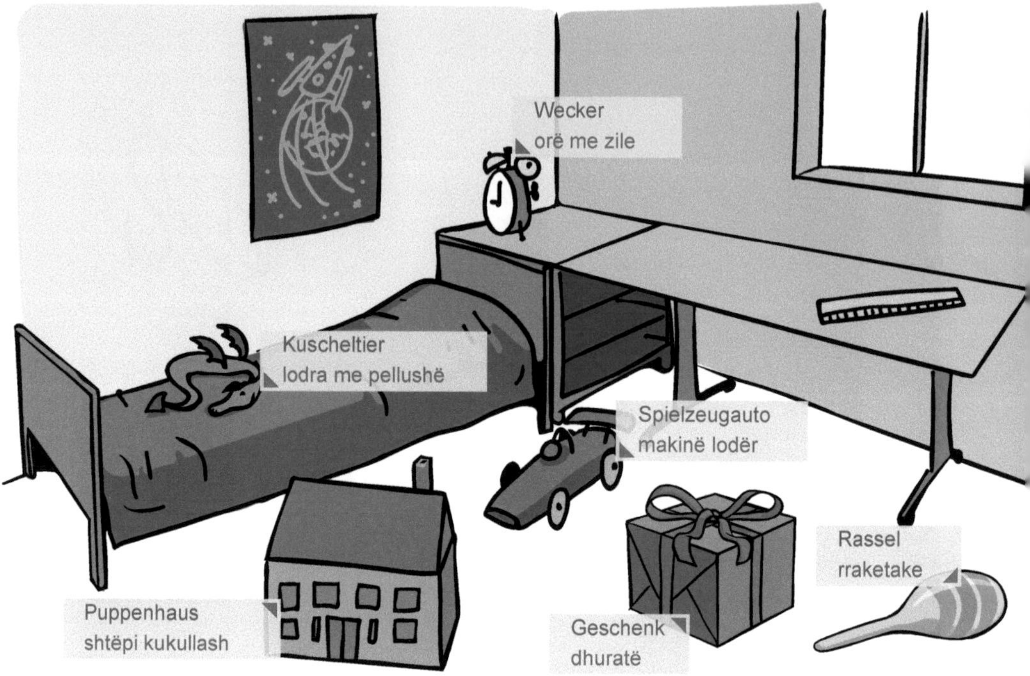

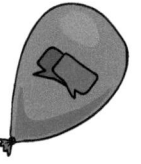

Ballon

tollumbace

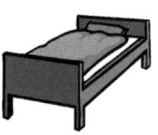

Bett

krevat

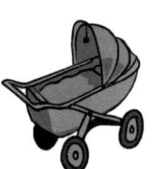

Kinderwagen

karrocë fëmijësh

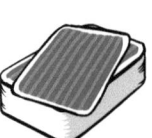

Kartenspiel

lojë me letra

Puzzle

bashkim pjesësh me figura

SUPER
MEGA

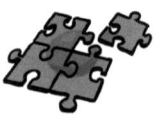

Comic

komik

Legosteine

formuese lodër

Bausteine

kuba plastikë

Action Figur

lodra

Strampelanzug

badi

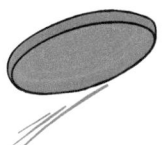

Frisbee

frizbi

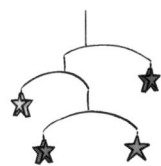

Mobile

lodra të varura tek krevati i fëmijëve

Brettspiel

tavolinë lojërash

Würfel

zare

Modelleisenbahn

model treni

Schnuller

biberon

Party

festë

Bilderbuch

libër me ilustrime

Ball

top

Puppe

kukull

spielen

luaj

Sandkasten

grumbull rëre

Schaukel

kolovarëse

Spielzeug

lodra

Spielkonsole

leva për lojra video

Dreirad

triçikël

Teddy

arush prej pellushi

Kleiderschrank

garderobë

Kleidung
veshje

Socken

çorape

Strümpfe

çorape të gjata

Strumpfhose

geta

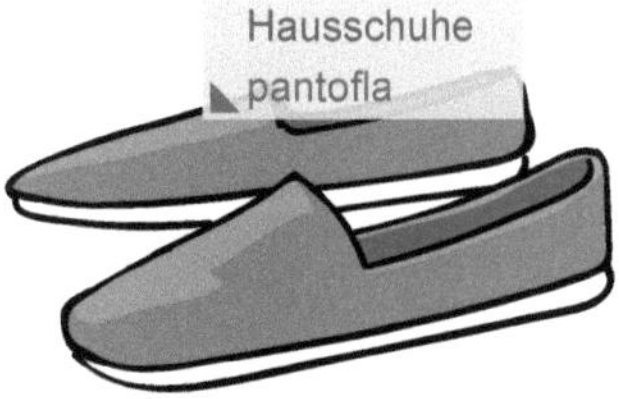

Schal
shall

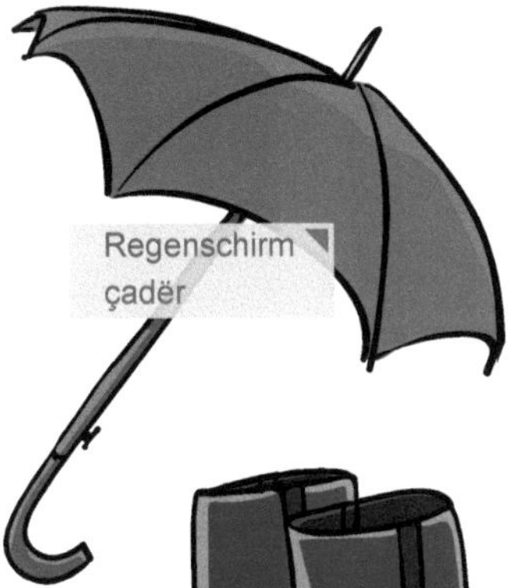

Regenschirm
çadër

T-Shirt
bluzë pa jakë

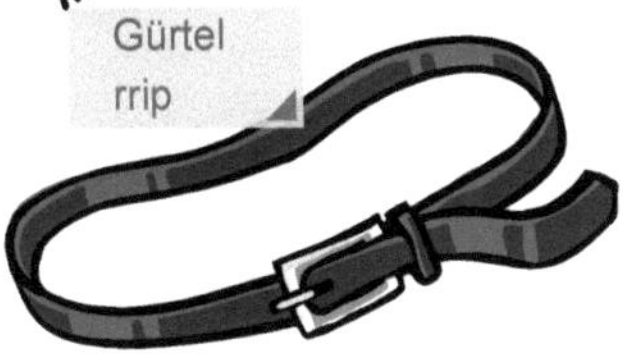

Gürtel
rrip

Stiefel
çizme

Hausschuhe
pantofla

Turnschuhe
atlete

Sandalen
....
sandale

Schuhe
....
këpucë

Gummistiefel
....
çizme llastiku

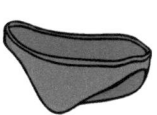

Unterhose
....
të mbathura

Büstenhalter
....
reçipeta

Unterhemd
....
kanotierë

Body

trup

Hose

pantallona

Jeans

xhinse

Rock

fund

Bluse

bluzë

Hemd

këmishë

Pullover

pulovër

Kapuzenpullover

triko

Blazer

xhaketë

Jacke

xhaketë

Mantel

pallto

Regenmantel

mushama shiu

Kostüm

kostum

Kleid

fustan

Hochzeitskleid

fustan nusërie

Anzug

kostum

Nachthemd

këmishë nate

Schlafanzug

pizhama

Sari

sari (veshje tradicionale indiane)

Kopftuch

shami koke

Turban

çallmë

Burka

veshje për femrat e besimit musliman

Kaftan

kaftan (lloj veshjeje tradicionale)

Abaya

ferexhe

Badeanzug

kostum banje

Badehose

rroba banje

Kurze Hose

pantallona të shkurtra

Trainingsanzug

tuta sporti

Schürze

përparëse

Handschuhe

dorashka

Knopf

kopsë

Brille

syze

Armband

byzylyk

Halskette

gjerdan

Ring

unazë

Ohrring

vath

Mütze

kapuç

Kleiderbügel

varëse për pallto

Hut

kapele

Krawatte

kravatë

Reißverschluss

zinxhir

Helm

helmetë

Hosenträger

tiranda

Schuluniform

uniformë shkolle

Uniform

uniformë

Lätzchen

gushore

Schnuller

biberon

Windel

pelenë

Büro
zyrë

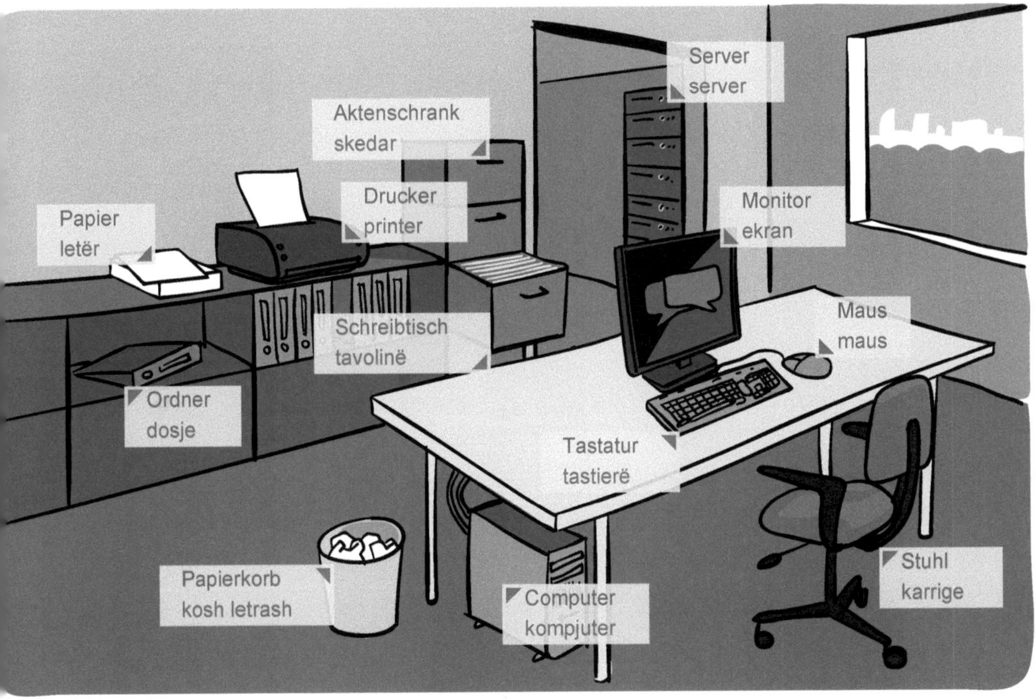

Server
server

Aktenschrank
skedar

Drucker
printer

Papier
letër

Monitor
ekran

Schreibtisch
tavolinë

Maus
maus

Ordner
dosje

Tastatur
tastierë

Papierkorb
kosh letrash

Stuhl
karrige

Computer
kompjuter

Kaffeebecher

filxhan kafeje

Taschenrechner

makinë llogaritëse

Internet

internet

Laptop

kompjuter portativ

Brief

letër

Nachricht

mesazh

Handy

telefon

Netzwerk

rrjet

Kopierer

fotokopje

Software

program

Telefon

telefon

Steckdose

prizë

Fax

pajisje faksi

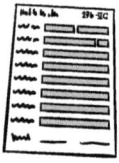

Formular

formular

Dokument

dokument

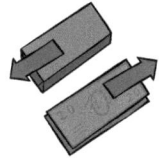

kaufen

blej

bezahlen

paguaj

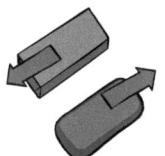

handeln

tregtoj

Geld

para

Dollar

dollar

Euro

euro

Yen

jen

Rubel

rubla

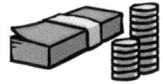

Franken

franga zvicerane

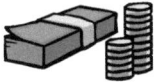

Renminbi Yuan

juani kinez

Rupie

rupje

Geldautomat

bankomat

Wechselstube

pikë këmbimi valutor

Gold

ar

Silber

argjend

Öl

nafta

Energie

energji

Preis

çmim

Vertrag

kontratë

Steuer

taksë

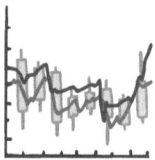

Aktie

aksione

arbeiten

punoj

Angestellter

punonjës

Arbeitgeber

punëdhënës

Fabrik

fabrikë

Geschäft

dyqan

Berufe
profesionet

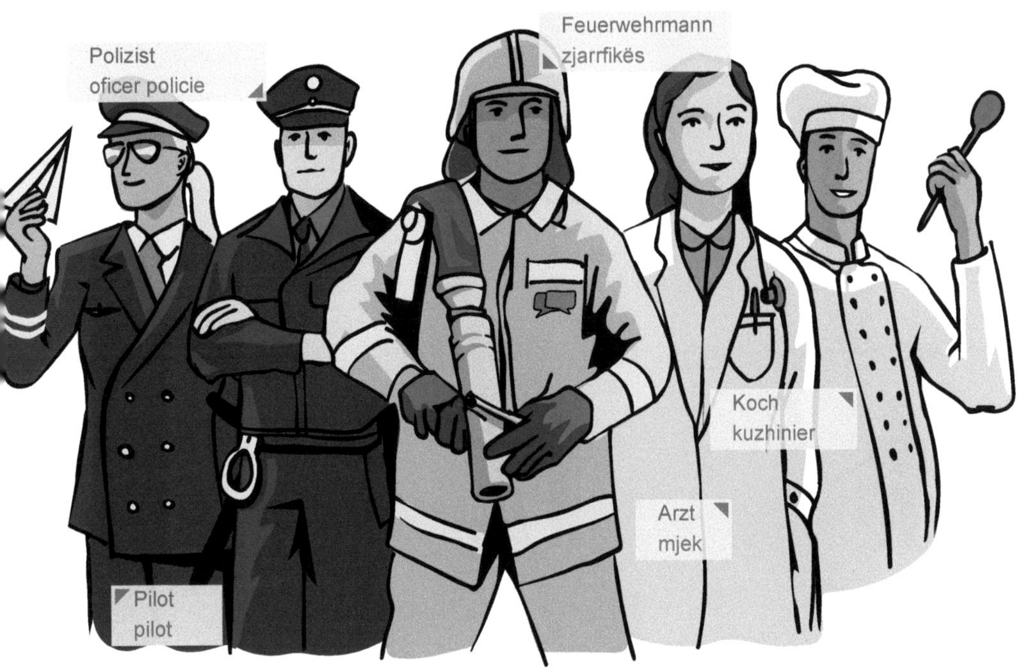
Polizist
oficer policie
Feuerwehrmann
zjarrfikës
Koch
kuzhinier
Arzt
mjek
Pilot
pilot

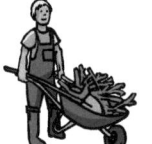

Gärtner

kopshtar

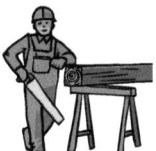

Tischler

marangoz

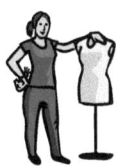

Näherin

rrobaqepëse

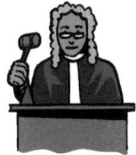

Richter

gjykatës

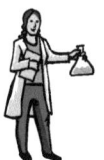

Chemiker

kimist

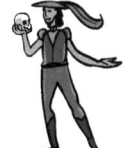

Schauspieler

aktor

Busfahrer

shofer autobuzi

Taxifahrer

taksist

Fischer

peshkatar

Putzfrau

pastruese

Dachdecker

riparues çatish

Kellner

kamarier

Jäger

gjuetar

Maler

piktor

Bäcker

furrxhi

Elektriker

elektriçist

Bauarbeiter

ndërtues

Ingenieur

inxhinier

Schlachter

kasap

Klempner

hidraulik

Postbote

postieri

Soldat

ushtar

Architekt

arkitekt

Kassierer

arkëtar

Florist

luleshitës

Friseur

berber

Schaffner

kontrollor

Mechaniker

mekanik

Kapitän

kapiten

Zahnarzt

dentist

Wissenschaftler

shkencëtar

Rabbi

rabin

Imam

imam

Mönch

murg

Geistlicher

klerik

Werkzeuge

mjete

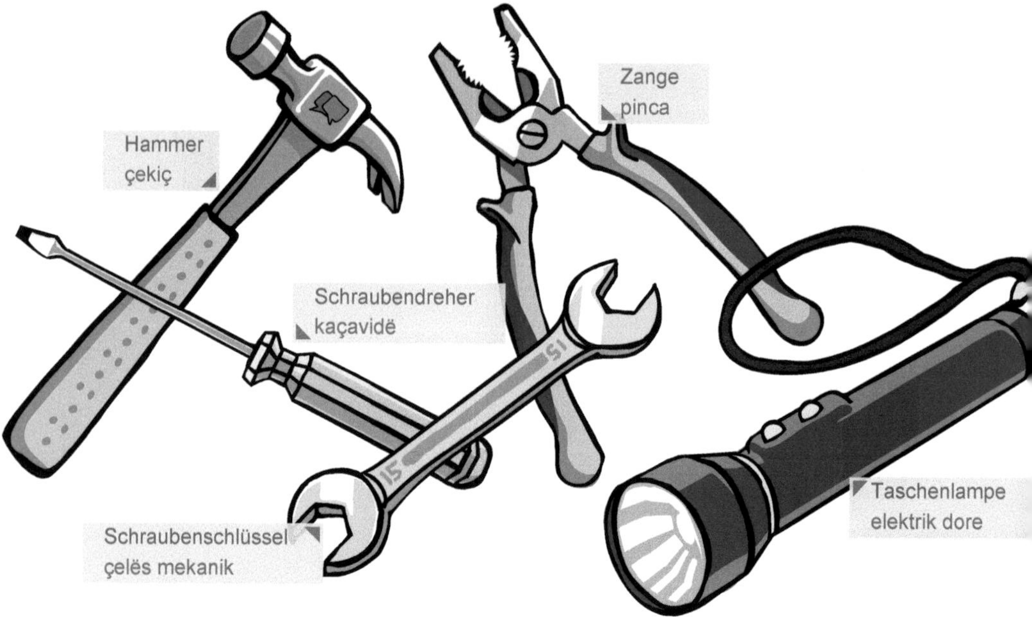
Hammer
çekiç
Zange
pinca
Schraubendreher
kaçavidë
Schraubenschlüssel
çelës mekanik
Taschenlampe
elektrik dore

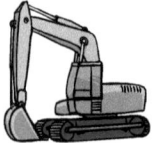

Bagger

ekskavator

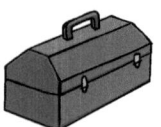

Werkzeugkasten

kuti veglash

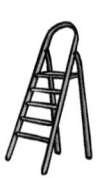

Leiter

shkallë

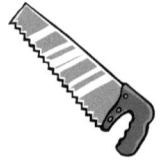

Säge

sharrë

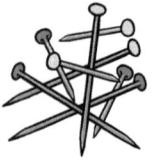

Nägel

gozhdë

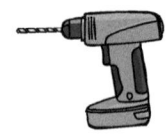

Bohrer

trapan

reparieren
riparoj

Schaufel
lopatë

Mist!
Dreq!

Kehrblech
kaci

Farbtopf
kuti boje

Schrauben
vidhë

Musikinstrumente
instrumenta muzikorë

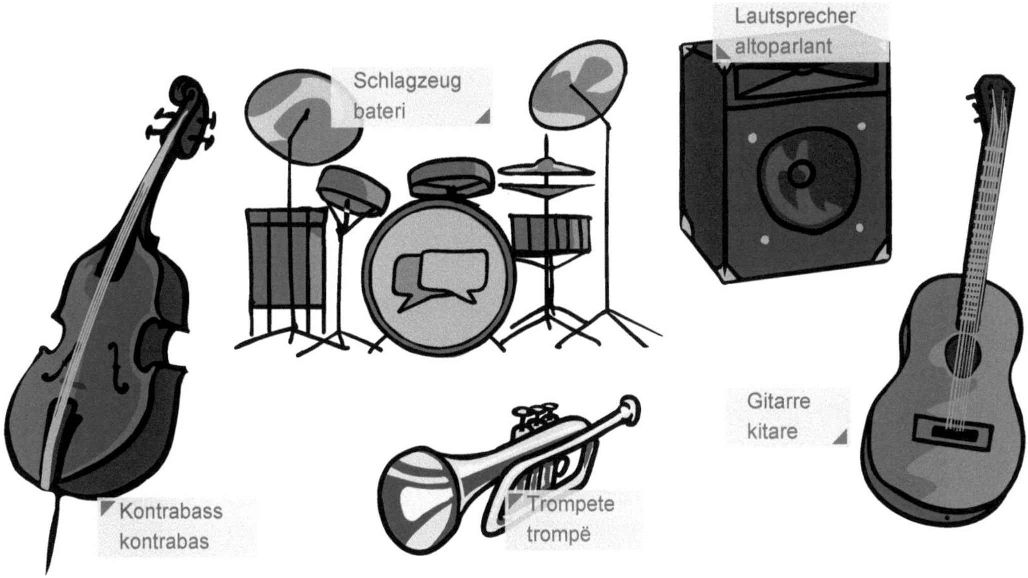

Lautsprecher
altoparlant

Schlagzeug
bateri

Gitarre
kitare

Kontrabass
kontrabas

Trompete
trompë

Klavier

piano

Violine

violinë

Bass

bas

Pauke

tamburë

Trommeln

daulle

Keyboard

tastierë pianoje

Saxophon

saksofon

Flöte

flaut

Mikrofon

mikrofon

Zoo
kopsht zoologjik

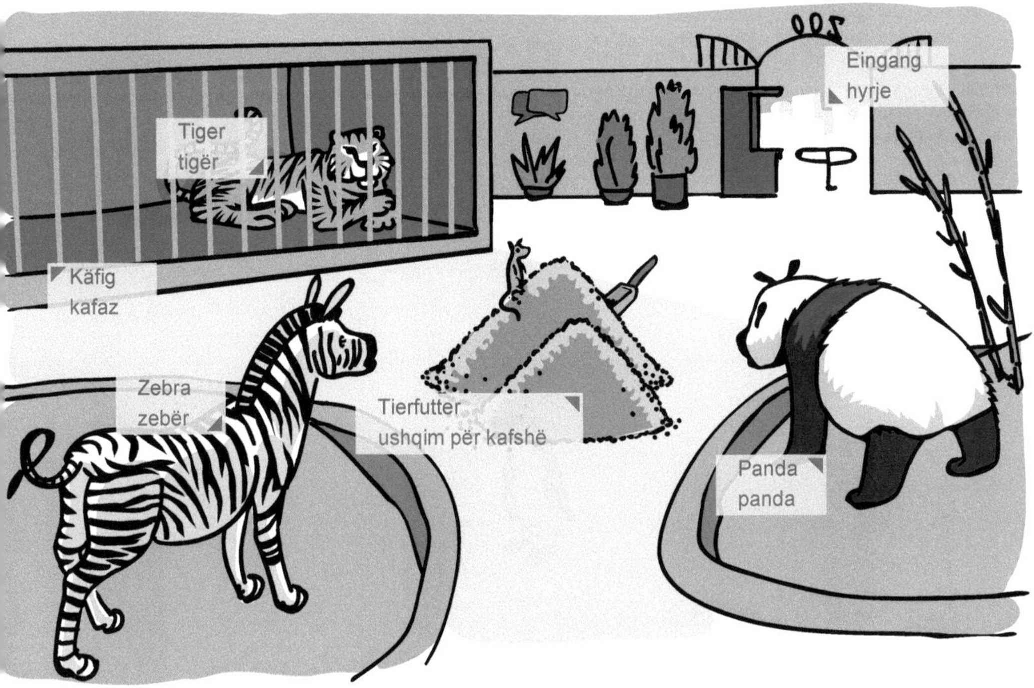
Eingang
hyrje
Tiger
tigër
Käfig
kafaz
Zebra
zebër
Tierfutter
ushqim për kafshë
Panda
panda

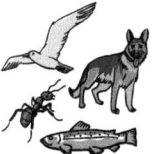

Tiere

kafshë

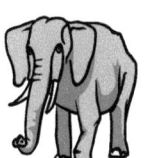

Elefant

elefant

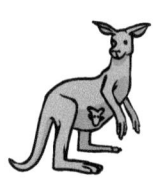

Känguru

kangur

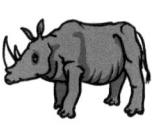

Nashorn

rinoceront

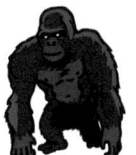

Gorilla

gorillë

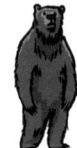

Bär

ari

Kamel
deve

Strauß
struc

Löwe
luan

Affe
majmun

Flamingo
flamingo

Papagei
papagall

Eisbär
ari polar

Pinguin
pinguin

Hai
peshkaqen

Pfau
pallua

Schlange
gjarpër

Krokodil
krokodil

Zoowärter
punonjës i kopshtit zoologjik

Robbe
fokë

Jaguar
xhaguar

Pony

poni

Leopard

leopard

Nilpferd

hipopotam

Giraffe

gjirafë

Adler

shqiponjë

Wildschwein

derr i egër

Fisch

peshk

Schildkröte

breshkë

Walross

lopë deti

Fuchs

dhelpër

Gazelle

gazelë

American Football
futboll amerikan

Radfahren
çiklizëm

Tennis
tenis

Basketball
basketboll

Schwimmen
not

Boxen
boks

Eishockey
hokej mbi akull

Fußball
futboll

Badminton
badminton

Leichtathletik
atletikë

Handball
hendboll

Skilaufen
ski

Polo
polo

lachen
qesh

springen
hidhem

umarmen
përqafoj

gehen
eci

singen
këndoj

träumen
ëndërroj

beten
lutem

küssen
puth

schreiben

shkruaj

zeichnen

vizatoj

zeigen

tregoj

drücken

shtyj

geben

jap

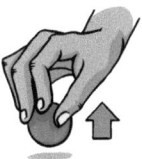

nehmen

marr

haben

kam

tun

bëj

sein

jam

stehen

qëndroj

laufen

vrapoj

ziehen

tërheq

werfen

hedh

fallen

bie

liegen

shtrihem

warten

pres

tragen

mbaj

sitzen

ulem

anziehen

vishem

schlafen

fle

aufwachen

zgjohem

ansehen

shikoj

weinen

qaj

streicheln

përkëdhel

kämmen

kreh

reden

bisedoj

verstehen

kuptoj

fragen

kërkoj

hören

dëgjoj

trinken

pi

essen

ha

aufräumen

sistemoj

lieben

dashuroj

kochen

gatuaj

fahren

drejtoj makinën

fliegen

fluturoj

segeln

lundroj

rechnen

llogaris

lesen

lexoj

lernen

mësoj

arbeiten

punoj

heiraten

martohem

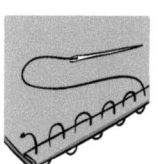

nähen

qep

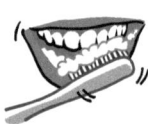

Zähne putzen

laj dhëmbët

töten

vras

rauchen

tymos

senden

dërgoj

Familie
familje

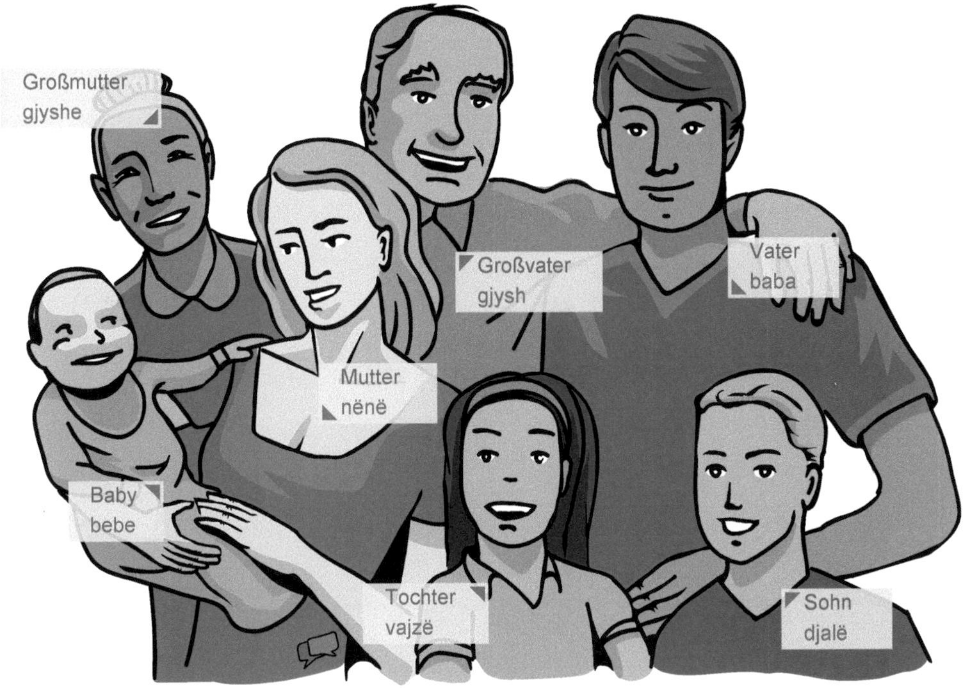

Großmutter
gjyshe
Großvater
gjysh
Vater
baba
Mutter
nënë
Baby
bebe
Tochter
vajzë
Sohn
djalë

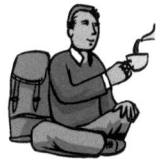

Gast
mysafir

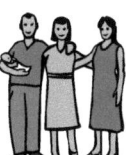

Tante
teze, hallë

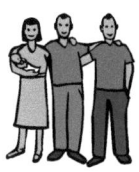

Onkel
dajë, xhaxha

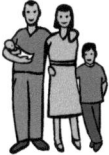

Bruder
vëlla

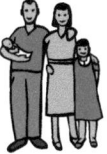

Schwester
motër

Körper
trupi

Stirn
balli
Auge
syri
Schulter
shpatulla
Finger
gishti
Gesicht
fytyra
Kinn
mjekra
Hand
dora
Bein
këmba
Brust
krahërori
Arm
krahu

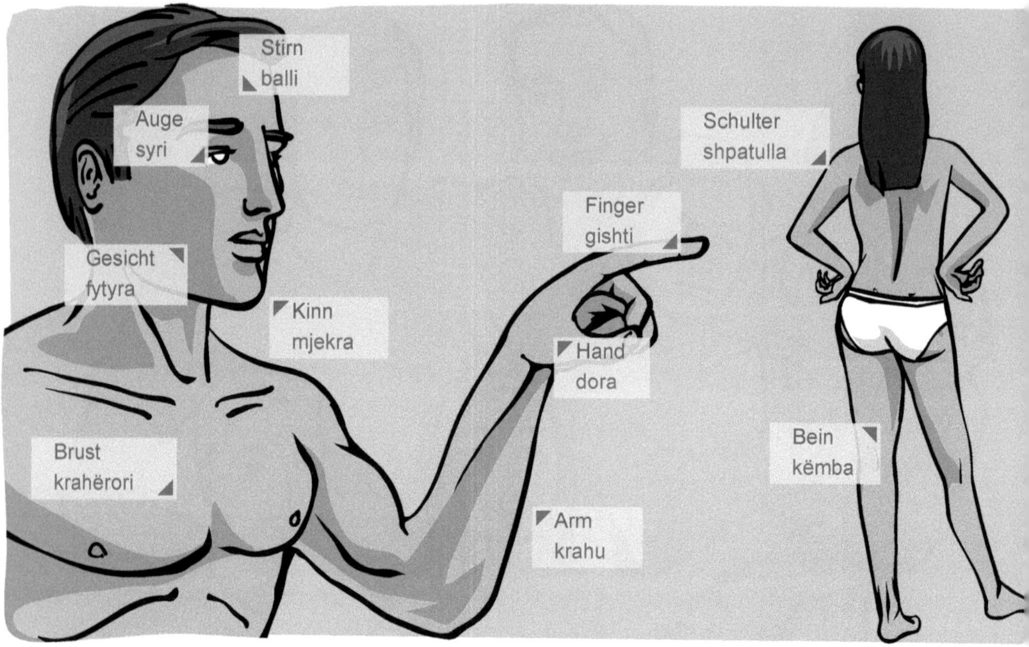

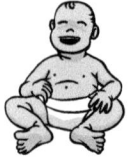

Baby
bebe

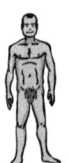

Mann
burrë

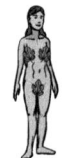

Frau
grua

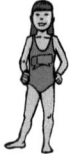

Mädchen
vajzë

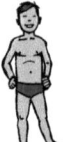

Junge
djalë

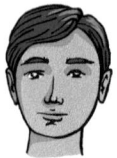

Kopf
koka

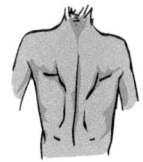

Rücken

shpina

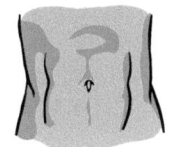

Bauch

barku

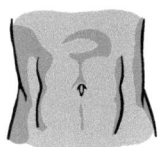

Nabel

kërthiza

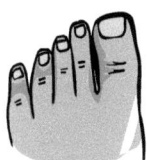

Zeh

gisht këmbe

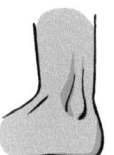

Ferse

Thembra

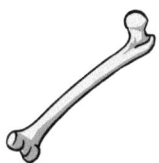

Knochen

kockë

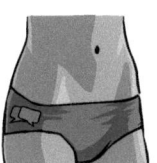

Hüfte

legeni

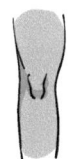

Knie

gjuri

Ellenbogen

bërryli

Nase

hunda

Gesäß

vithe

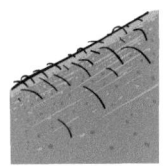

Haut

lëkura

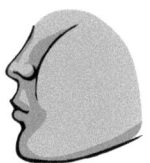

Wange

faqja

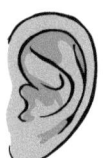

Ohr

veshi

Lippe

buza

Mund

goja

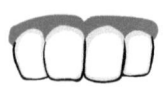

Zahn

dhëmbët

Zunge

gjuha

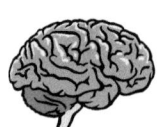

Gehirn

truri

Herz

zemra

Muskel

muskul

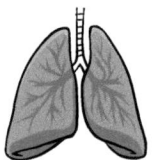

Lunge

mushkëria

Leber

mëlçia

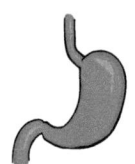

Magen

stomaku

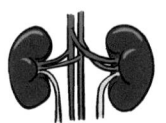

Nieren

veshka

Geschlechtsverkehr

seks

Kondom

prezervativ

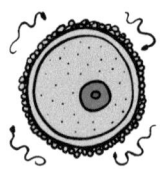

Eizelle

veza

Sperma

sperma

Schwangerschaft

shtatëzani

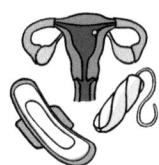

Menstruation

menstruacione

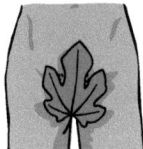

Vagina

vagina

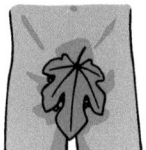

Penis

penis

Augenbraue

vetulla

Haar

flokët

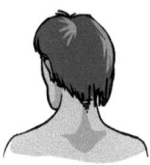

Hals

qafa

Krankenhaus
spital

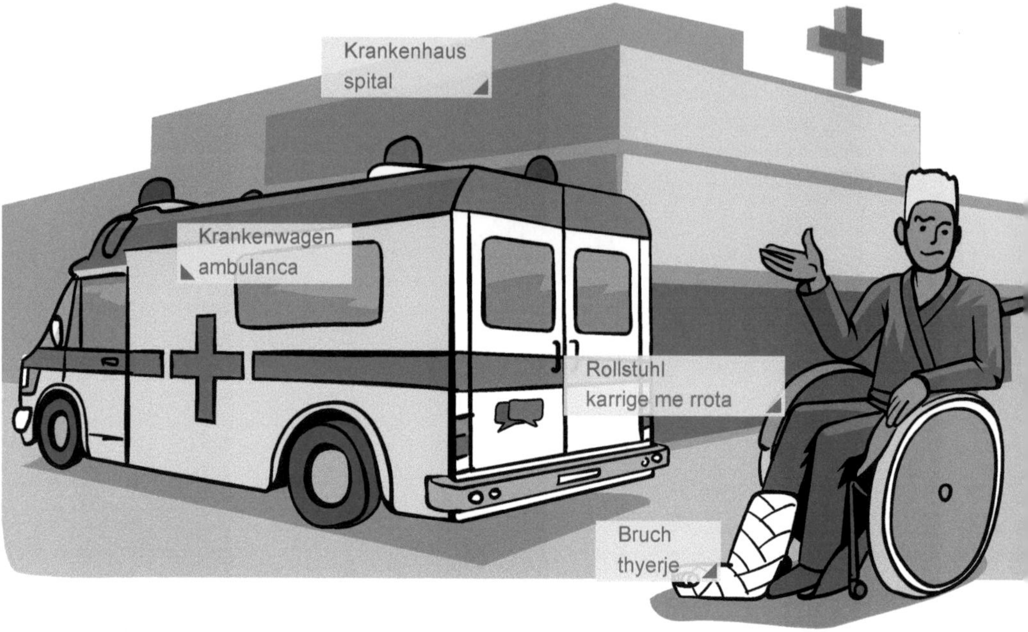

Krankenhaus
spital
Krankenwagen
ambulanca
Rollstuhl
karrige me rrota
Bruch
thyerje

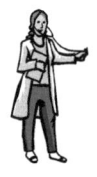

Arzt

mjek

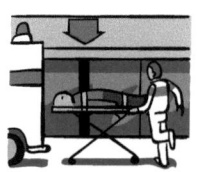

Notaufnahme

sallë urgjencash

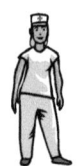

Krankenschwester

infermiere

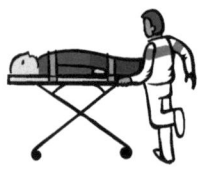

Notfall

emergjencë

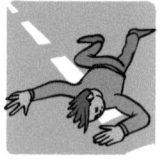

ohnmächtig

i pandërgjegjshëm

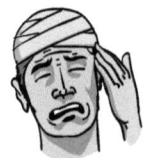

Schmerz

dhimbje

Verletzung

dëmtim

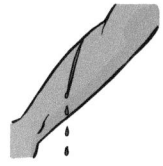

Blutung

gjakosje

Herzinfarkt

infarkt

Schlaganfall

goditje

Allergie

alergji

Husten

kolla

Fieber

ethe

Grippe

grip

Durchfall

diarre

Kopfschmerzen

dhimbje koke

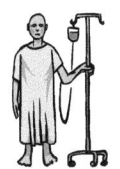

Krebs

kancer

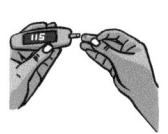

Diabetis

diabet

Chirurg

kirurg

Skalpell

bisturi

Operation

operacion

CT
....
CT (skaner)

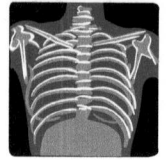

Röntgen
....
radiografi

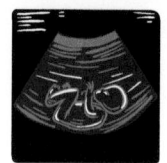

Ultraschall
....
ultratingull

Maske
....
maskë fytyre

Krankheit
....
sëmundje

Wartezimmer
....
dhomë pritjeje

Krücke
....
paterica

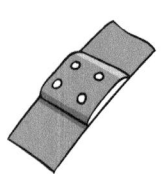

Pflaster
....
leukoplast

Verband
....
fasho

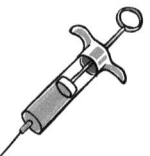

Injektion
....
injeksion

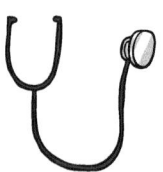

Stethoskop
....
stetoskop

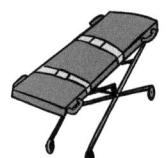

Trage
....
barelë

Thermometer
....
termometër

Geburt
....
lindje

Übergewicht
....
mbipeshë

Hörgerät

aparat dëgjimi

Desinfektionsmittel

dezinfektant

Infektion

infeksion

Virus

virus

HIV / AIDS

HIV / AIDS

Medizin

mjekësi, mjekim

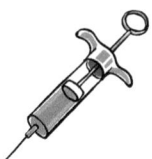

Impfung

vaksinim

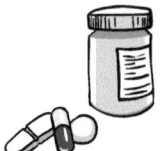

Tabletten

tableta

Pille

pilulë

Notruf

telefonatë emergjence

Blutdruck-Messgerät

aparat tensioni

krank / gesund

i sëmurë / i shëndetshëm

Hilfe!

Ndihmë!

Alarm

alarm

Überfall

sulm

Angriff

atak

Gefahr

rrezik

Notausgang

dalje emergjence

Feuer!

Zjarr!

Feuerlöscher

fikëse zjarri

Unfall

aksident

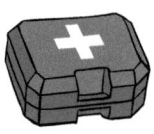

Erste-Hilfe-Koffer

kuti e ndimës së shpejtë

SOS

SOS

Polizei

policia

Europa

Europa

Nordamerika

Amerika e Veriut

Südamerika

Amerika e Jugut

Afrika

Afrika

Asien

Azia

Australien

Australia

Atlantik

Atlantiku

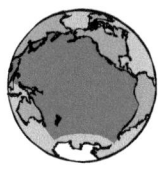

Pazifik

Paqësori

Indischer Ozean

Oqeani Indian

Antarktischer Ozean

Oqeani Antarktik

Arktischer Ozean

Oqeani Arktik

Nordpol

Poli i veriut

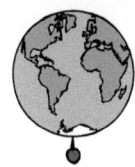

Südpol

Poli i Jugut

Antarktis

Antarktida

Erde

toka

Land

tokë

Meer

det

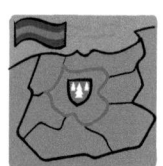

Insel

ishull

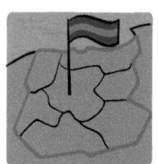

Nation

komb

Staat

shtet

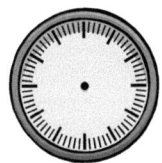

Zifferblatt

fusha e orës

Stundenzeiger

akrepi i orës

Minutenzeiger

akrepi i minutave

Sekundenzeiger

akrepi i sekondave

Wie spät ist es?

Sa është ora?

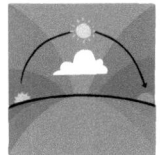

Tag

ditë

Zeit

kohë

jetzt

tani

Digitaluhr

orë dixhitale

Minute

minutë

Stunde

orë

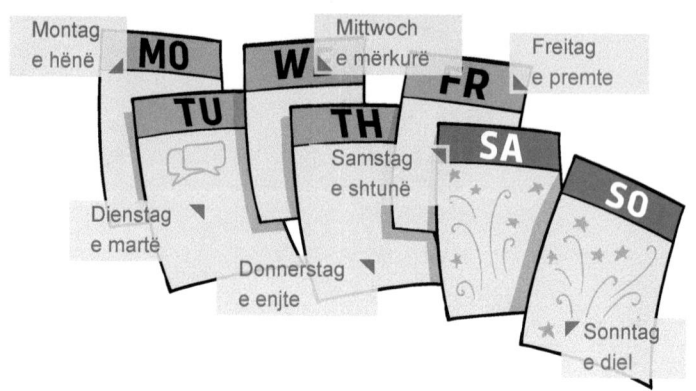

Montag
e hënë

Mittwoch
e mërkurë

Freitag
e premte

Samstag
e shtunë

Dienstag
e martë

Donnerstag
e enjte

Sonntag
e diel

gestern

dje

heute

sot

morgen

nesër

Morgen

mëngjes

Mittag

mesditë

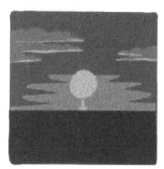

Abend

mbrëmje

Arbeitstage

ditë pune

Wochenende

fundjavë

Jahr

vit

Regen
shi
Regenbogen
ylber
Schnee
borë
Wind
erë
Frühling
pranverë
Herbst
vjeshtë
Sommer
verë
Winter
dimër

4.APRIL 11°
5.APRIL 4°
6.APRIL 13°
7.APRIL 8°
8.APRIL 10°

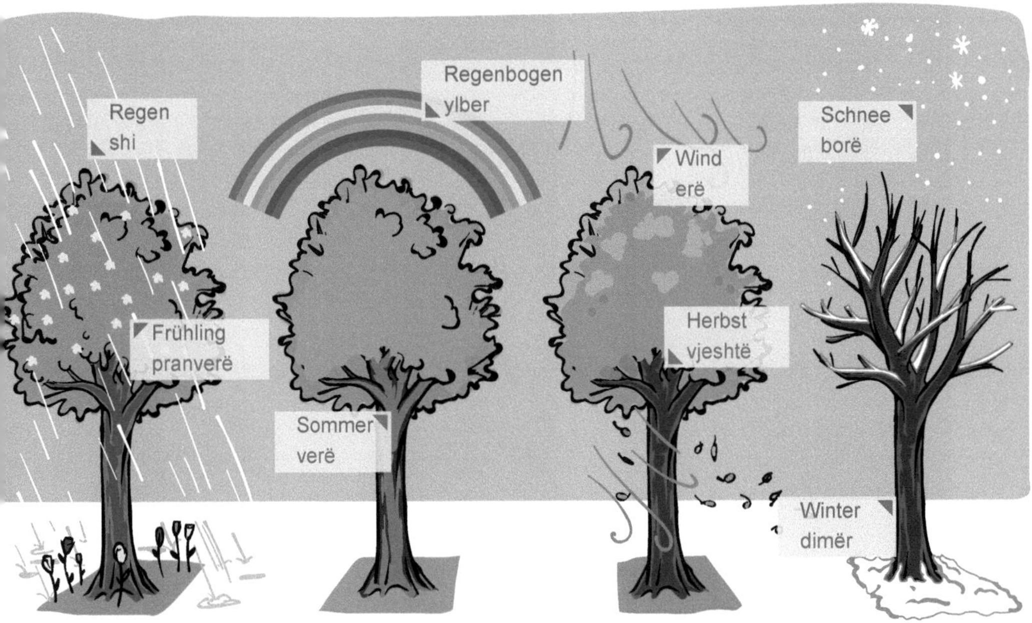

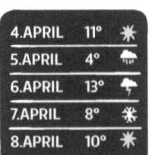

Wettervorhersage
....
parashikimi i motit

F C
120 40
90 30
60 20
30 10
0 0
-30 -10
-20

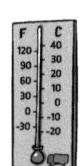

Thermometer
....
termometër

Sonnenschein
....
ndriçim dielli

Wolke
....
re

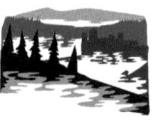

Nebel
....
mjegull

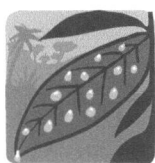

Luftfeuchtigkeit
....
lagështi

Blitz

vetëtima

Donner

gjëmim

Sturm

stuhi

Hagel

breshër

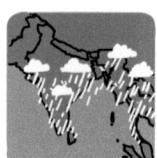

Monsun

muson

Flut

përmbytje

Eis

akull

Januar

janar

Februar

shkurt

März

mars

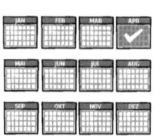

April

prill

Mai

maj

Juni

qershor

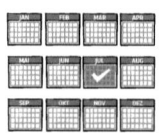

Juli

korrik

August

gusht

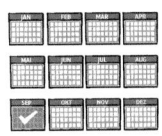

September
....
shtator

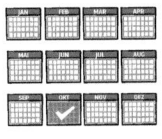

Oktober
....
tetor

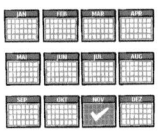

November
....
nëntor

Dezember
....
dhjetor

Kreis
....
rreth

Quadrat
....
katror

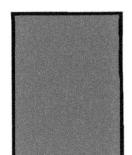

Rechteck
....
drejtkëndësh

Dreieck
....
trekëndësh

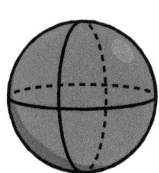

Kugel
....
sferë

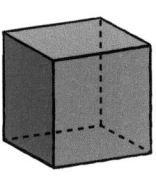

Würfel
....
kub

weiß
....
e bardhë

gelb
....
e verdhë

orange
....
portokalli

pink
....
rozë

rot
....
e kuqe

lila
....
vjollcë

blau
....
blu

grün
....
e gjelbër

braun
....
kafe

grau
....
gri

schwarz
....
e zezë

viel / wenig

shumë / pak

wütend / friedlich

i nevrikosur / i qetë

hübsch / hässlich

i bukur / i shëmtuar

Anfang / Ende

fillim / fund

groß / klein

i madh / i vogël

hell / dunkel

i ndritshëm / i errët

Bruder / Schwester

vëlla / motër

sauber / schmutzig

e pastër / e pistë

vollständig / unvollständig

e plotë / jo e plotë

Tag / Nacht

ditë / natë

tot / lebendig

gjallë / vdekur

breit / schmal

i gjerë / i ngushtë

genießbar / ungenießbar

i ngrënshëm / i pangrënshëm

böse / freundlich

i keq / i këndshëm

aufgeregt / gelangweilt

i lumtur / i mërzitur

dick / dünn

i shëndoshë / i dobët

zuerst / zuletzt

e para / e fundit

Freund / Feind

mik / armik

voll / leer

plot / bosh

hart / weich

e fortë / e butë

schwer / leicht

e rëndë / e lehtë

Hunger / Durst

uri / etje

krank / gesund

i sëmurë / i shëndetshëm

illegal / legal

e paligjshme / e ligjshme

intelligent / dumm

i zgjuar / budalla

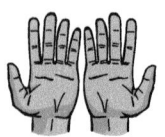

links / rechts

majtas / djathtas

nah / fern

afër / larg

neu / gebraucht

e re / e përdorur

nichts / etwas

asgjë / diçka

alt / jung

i moshuar / i ri

an / aus

ndezur / fikur

offen / geschlossen

hapur / mbyllur

leise / laut

i qetë / i zhurmshëm

reich / arm

i pasur / i varfër

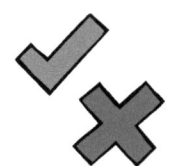

richtig / falsch

e drejtë / e gabuar

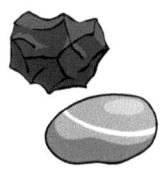

rau / glatt

i ashpër / i butë

traurig / glücklich

i mërzitur / i lumtur

kurz / lang

i shkurtër / i gjatë

langsam / schnell

ngadalë / shpejt

nass / trocken

i lagësht / i thatë

warm / kühl

ngrohtë / freskët

Krieg / Frieden

luftë / paqe

0	**1**	**2**
null	eins	zwei
zero	një	dy

3	**4**	**5**
drei	vier	fünf
tre	katër	pesë

6	**7**	**8**
sechs	sieben	acht
gjashtë	shtatë	tetë

9	**10**	**11**
neun	zehn	elf
nentë	dhjetë	njëmbëdhjetë

12

zwölf
dymbëdhjetë

13

dreizehn
trembëdhjetë

14

vierzehn
katërmbëdhjetë

15

fünfzehn
pesëmbëdhjetë

16

sechzehn
gjashtëmbëdhjetë

17

siebzehn
shtatëmbëdhjetë

18

achtzehn
tetëmbëdhjetë

19

neunzehn
nentëmbëdhjetë

20

zwanzig
njëzetë

100

hundert
qind

1.000

tausend
mijë

1.000.000

million
milion

Englisch

anglisht

Amerikanisches Englisch

anglishte amerikane

Chinesisch Mandarin

kinezisht mandarin

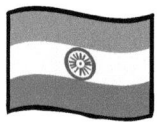

Hindi

hindi

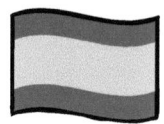

Spanisch

spanjisht

Französisch

frëngjisht

Arabisch

arabisht

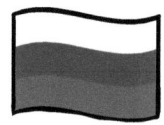

Russisch

rusisht

Portugiesisch

portugalisht

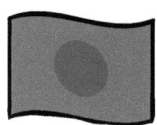

Bengalisch

bengalisht

Deutsch

gjermanisht

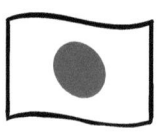

Japanisch

japonisht

ich

unë

du

ti

er / sie / es

ai / ajo

wir

ne

ihr

ju

sie

ata

wer?

kush?

was?

çfarë?

wie?

si?

wo?

ku?

wann?

kur?

Name

emër

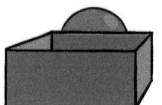

hinter

pas

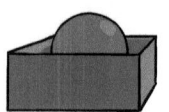

in

në

vor

përballë

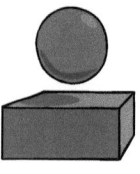

über

sipër

auf

mbi

unter

poshtë

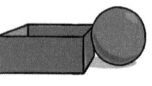

neben

pranë

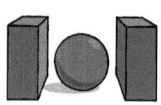

zwischen

midis

Ort

vend